Ruth Heil · Weihnachtsfrieden

Ruth Heil

Weihnachtsfrieden

24 Advents- und Weihnachtsgedanken

johannis

Weihnachtsfrieden

Friede sei mit euch!?
Wenn wir die Nachrichten einschalten, läuft es uns kalt den Rücken hinunter. Wir sind erschüttert über Krieg, Ungerechtigkeit, Katastrophen. Angesichts des Leids in Ehen und Familien, angesichts von Krankheit, Mobbing, finanziellen Engpässen sind wir oft stumm.

Frieden? Gibt es das noch?
»Ehre sei Gott in der Höhe«, das sangen die Engel bei der Geburt Jesu.
»Und Friede auf Erden bei den Menschen seines Wohlgefallens.«
Frieden hat einen Namen. Und der heißt Jesus Christus.
Die Menschen, die ihn lieben, bei denen kehrt er ein. Er tritt durch die verschlossenen Türen der Häuser, er kommt mitten in den Kreis der vor Angst geschüttelten Jünger und sagt: Friede sei mit euch!
Und diese Jünger atmen auf. Die Angst ist nicht völlig vorbei. Noch zittern sie, begründet! Aber im Zittern wissen sie: Jesus Christus ist bei uns. Und er wird uns niemals im Stich lassen.
Frieden heißt: Jesus Christus mit uns!

Diesen Frieden wünsche ich Ihnen, besonders an Weihnachten!

Ruth Heil

1

WEIHNACHTSFRIEDEN HEISST:

Gott beugt sich nicht nur zu uns herunter – er kommt zur Welt

Uns ist ein Kind geboren.
Jesaja 9,5

Ein Kind,
unscheinbar, klein, hilflos.
Gott liefert sich uns aus,
beginnt als Säugling seinen Weg,
macht sich so klein, dass er in den Leib der Maria passt.
Er will, dass wir die Angst vor ihm verlieren,
macht sich angreifbar und verwundbar.

Er ist der Gott, der zu uns herunterkommt
von der Herrlichkeit in die Endlichkeit,
vom Licht in die Finsternis,
von der Heiligkeit in die Schuld der Welt.
Dieser Gott kommt zu uns,
zu dir, zu mir, aus Liebe.

Herr, wie tief beugst du dich zu mir herab, um mir zu begegnen. Ich kann es nicht fassen und doch will ich es glauben: Du kamst um meinetwillen auf diese Erde. Aber dein Friede wird mich nur dann erfüllen, wenn ich dein Geschenk ganz persönlich annehme. Herr, danke, dass du für mich geboren bist.

WEIHNACHTSFRIEDEN HEISST:

2 Gott geht den Weg des Menschen – er wird Mensch wie wir

Ein Sohn ist uns gegeben.
Jesaja 9,5

Ein Sohn, geboren von einer Frau.
Immer wieder prägen die Mütter die Söhne.
Die Welt wird bewegt durch Männer,
die aus dem Schoß der Frau gehen.
Frauen prägen das Leben ihrer Söhne.
Gott lässt diesen Umweg nicht aus.
Er schickt seinen Sohn durch eine Frau,
die ihm absolutes Vertrauen schenkt – bis in den Tod.
Denn ihre Schwangerschaft kann das Ende
für sie bedeuten.
Maria sagt Ja zu Gottes Wegen
und hat Frieden im Herzen – trotz der Umstände.

Herr, Frieden trotz der Umstände, das habe ich nicht. Mir ist angst. Ich sehe keinen Ausweg. Dieses absolute Vertrauen fehlt mir. Doch ich bitte dich: Schenk es mir! Herr, ich will vertrauen, dass auch das Schwere und Unverständliche für dich nicht zu schwer ist. Und dass du mich hindurchträgst, wie du Maria getragen hast.

3

WEIHNACHTSFRIEDEN HEISST:

Gott trägt die Welt – und er trägt mich auf seinen Schultern

Und die Herrschaft ruht auf seiner Schulter.
Jesaja 9,5

Auf wessen Schulter?
Auf der des Kindes Jesus Christus!
Warum? Weil der Vater ihm die Macht gegeben hat,
alle Macht im Himmel und auf Erden.
Seine Herrschaft trägt die Last der Welt,
das Leid der Betrübten, die Tränen der Verzweifelten,
die Schreie der Verwundeten, den Schmerz der Geschlagenen,
Schuld und Zerstörung, Gemeinheit.
Er trägt auf seinen ausgebreiteten Armen
den Querbalken des Kreuzes:
alles, was uns quer kommt, jeden, der uns quer liegt.
Er trägt, woran wir zerbrächen.

Herr, hier sind sie, die Querbalken meines Lebens, die Menschen und die Dinge, die mir quer liegen. Sie sind zu schwer für mich. Ich fühle, wie ich unter ihnen zerbreche. Aber deine Schultern sind stark. Dein ist die Kraft. Herr, ich übergebe dir, worüber ich nicht mehr Herr bin, sondern wovon ich geknechtet werde. Danke, du trägst für mich.

WEIHNACHTSFRIEDEN HEISST:

4 Gott steht über den Naturgesetzen und sein Markenzeichen ist: Er tut Wunder

Und er heißt ***Wunder****-Rat.*
Jesaja 9,5

Wenn ein Mann mit einem Schädel-Hirn-Trauma vierten Grades wieder auf die Beine kommt und normal weiterleben darf.
Wenn eine Frau infolge eines ärztlichen Kunstfehlers ihr Bein verliert und in tiefem Frieden mit Gott fröhlich weitersagen kann: Jesus lebt!
Wenn eine Frau mit acht Kindern, von ihrem Mann wegen einer anderen verlassen, einen Mann findet, der sie mit allen Kindern heiratet.
Wenn mir eine schwer MS-kranke Frau von ihrem Rollstuhl aus mit strahlenden Augen zuflüstert: Es ist solch ein Geschenk, meinen Jesus zu haben!
Wenn eine Frau über Jahre täglich ihren Alzheimer-kranken Mann besucht und pflegt, obwohl er sie nicht erkennt, und dabei tiefen Frieden empfindet.
Wenn ein Mensch nach jahrelanger Behandlung seiner Depression durch ein Gebet plötzlich frei sein darf.

Herr, deine Wunder gelten nicht nur anderen, du hast sie auch für mich bereit. Herr, hilf mir! Du Sohn Gottes, erbarme dich meiner!
Ich will dir vertrauen, dass du größer bist als die Diagnose von Ärzten, größer als meine Verzweiflung, größer als meine Ausweglosigkeit.

5 WEIHNACHTSFRIEDEN HEISST:

Gott hat die Antwort für mich

*Wunder-**Rat**.*
Jesaja 9,5

Ratlosigkeit,
ungelöste Fragen,
Sackgasse,
Rätsel,
Ausweglosigkeit
kennzeichnen diese Welt.

Jedoch: Nicht voller Verzweiflung sich weiter zermartern!
Rat suchen und bei ihm finden!

Rat muss einge*holt* werden, Klagen allein hilft nicht!
Gott um Hilfe bitten. Meinem Herzen zusprechen:
Sei im Frieden! Jesus Christus weiß den Weg.
Und Er wird mir raten und mich richtig führen.

Herr, ich bin verzweifelt und sehe keinen Ausweg. Viele Möglichkeiten habe ich ausprobiert. Keine hat gegriffen. Ich bin in einer Sackgasse. Bisher habe ich nur gejammert. Aber heute bitte ich dich herzlich um deinen Rat. Lass mich zur Ruhe kommen, weil du mir die richtige Antwort gibst und einen Weg für mich hast.

WEIHNACHTSFRIEDEN HEISST:

6 Gott hat Kraft für meine Schwachheit

Gott-Held.
Jesaja 9,5

Die Kraft dieses Gott-Helden ist mit der Geburt Jesu zu uns zur Erde gekommen.

Herr,
du hast Kraft für meine Kraftlosigkeit;
du gibst mir Stärke in meiner Schwäche;
du schenkst mir Anschluss an deinen Kraftstrom.

Du wirst für mich »greif-bar«!
Im Kontakt mit dir berührt mich deine Kraft.
Diese Kraft steht mir zur Verfügung.
Aber nicht für den Rest des Lebens.
Nur in dem Maße, wie ich mit dem Strom in Verbindung bin,
nur immer so viel, wie ich gerade brauche, aber genug.
*Deine K*raft besiegt meine Feinde,
ganz gleich, ob sie Verzagtheit, Krankheit, Ablehnung heißen.

Herr Jesus, dein ist die Kraft. Und weil ich dich jetzt berühre,
empfange ich deine Kraft.
Dank sei dir!

WEIHNACHTSFRIEDEN HEISST:

7

Für immer will Gott mein Vater sein, weil Jesus Christus mein Bruder wurde

Ewig-Vater.
Jesaja 9,5

Mit der Geburt Jesu hat Gott eine Brücke zum Menschen gebaut, gilt sein Angebot, unser Vater zu sein.
Er ist der Vater der Barmherzigkeit. Wenn du ihn betrübt hast, wartet er darauf, sich deiner zu erbarmen.
Komm in die Arme des Vaters, der seinen Sohn zur Erde schickte, um dir zu sagen, wie sehr du ihm wichtig bist.
Der Vater wartet auf den verlorenen Sohn. Auch der fortgelaufene ist sein Sohn. Welch ein Trost für alle Mütter und Väter, die auf ihre Kinder warten, dass sie heimkehren möchten.
Er, der Ewig-Vater, wartet mit uns. Er, der unsere Kinder geschaffen hat, liebt sie noch viel mehr, als wir sie je lieben können.
Der Vater wartet. Unaufhörlich sehnt er sich nach seinen verlorenen Söhnen und Töchtern, nach dir.

Du mein Vater? Da sind so viele Bilder in mir. Lösche die falschen Vaterbilder aus, damit ich entdecken kann, wer du wirklich bist. Lass mich deine Liebe begreifen durch das Kind in der Krippe, deine Liebe, mit der du dich um mich kümmerst, mit mir trauerst und dich mit mir freust.

8

WEIHNACHTSFRIEDEN HEISST:

Der Fürst des Friedens regiert in meinem Herzen

Friede-Fürst.
Jesaja 9,5

Friede ist die Anwesenheit dessen,
der unser Friede sein will, des Fürsten des Friedens.
Er ist im Auge des Sturms.
Er hat unter Kontrolle, was mir entgleiten will.
Wir finden diesen Frieden nicht im feinen Palast des Herodes.
Er liegt vielmehr in der Futterkrippe eines Esels,
im Heu des Ochsen, überdacht mit Ärmlichkeit.

Eigenartig, dass wir oft erst arm werden müssen,
arm an Gesundheit, arm an finanzieller Sicherheit,
arm an der Liebe unserer Vertrauten,
um Sehnsucht zu haben nach dem Fürsten des Friedens.
Und noch erstaunlicher, wenn wir dabei ihn finden
als einen, der unsere tiefste Sehnsucht stillt
mitten im Stall unseres Lebens.

Herr Jesus Christus, du kennst mein Herz mit seiner verzweifelten Unruhe. Ich bin im Kriegszustand mit mir selbst. Ich komme mit mir und mit anderen nicht zurecht. Neu werfe ich mich in deine Arme. Regiere du in meiner Stallsituation. Komm, du Fürst des Friedens!

WEIHNACHTSFRIEDEN HEISST:

9 Gottes Wort in meinem Leben Wirklichkeit werden lassen

Das Wort wurde Fleisch.
Johannes 1,14

Gott gab dem Menschen Gebote,
um ihn zum Leben zu führen.
Aber der Mensch hatte keine Kraft, sie zu befolgen.
Da sandte Gott als Zeichen seiner tiefsten Liebe zu uns
seinen einzigen Sohn vom Himmel zur Erde;
als Baby in Bethlehem geboren, wurde er Mensch wie wir
von der Geburt bis zum Tod.

So wichtig sind wir für ihn,
dass er diesen einzigen Sohn für uns opferte,
damit wir ewiges Leben hätten.
So tief neigte sich sein Herz zu uns,
so sehr litt er unter unserer Verlorenheit,
dass er einen Ausweg für uns erdachte.

So tief neigt sich dein Herz zu mir, Herr, mein Gott, dass du mir deinen einzigen Sohn schickst. Als Mensch wie ich hat er unter den Menschen gelebt und gelitten, wurde enttäuscht, verkannt, verkauft, verraten, verfolgt. Und das alles, um mich verstehen zu können. Herr, ich beuge mich vor dir angesichts solcher Liebe.

10 WEIHNACHTSFRIEDEN HEISST:

Jesus Christus wohnt bei uns

Das Wort wurde Fleisch und wohnte unter uns.
Johannes 1,14

Gott selbst kommt in meine Umstände,
er wird Mensch wie ich, fühlt, was ich fühle.
Er wohnt bei mir in meiner Verzweiflung.
Er sieht mein Leid,
er kennt meine Vergangenheit,
er zählt meine Tränen,
er spürt meine Verletzung,
er trauert mit mir über meinen Verlust,
er ist erschüttert über gemeine Aussagen.

Er kennt aber auch mein Versagen,
meine zornigen Gedanken, meine Rachegefühle,
meine unüberlegten Reden, meine Schwächen.
Er weiß, wo ich schuldig geworden bin,
aus Feigheit geschwiegen habe,
aus Angst oder Gleichgültigkeit.

Herr, du wohnst unter uns. Wohnst du auch bei mir? Bist du nicht schon lange ausgezogen, als du entdeckt hast, wer ich wirklich bin? Ich kann mich selbst manchmal nicht ertragen. Erträgst du mich?

11

WEIHNACHTSFRIEDEN HEISST:

Augen bekommen für Gottes Herrlichkeit

Und wir sahen seine Herrlichkeit.
Johannes 1,14

Die Gastwirte zu Bethlehem sahen nur
eine erschöpfte schwangere Frau mit ihrem Mann.
Hätten sie gewusst, dass diese Frau den Sohn Gottes in sich trug,
sie wären vor ihr auf die Knie gefallen.

Den König erkennen meint:
auf Gott hören und mit Gottes Augen sehen.

Nur so konnten die rauen Hirten
in dem in Windeln gewickelten Baby
den Erlöser finden – und beteten an.
Nur so erkannten weit gereiste Könige,
dass sie trotz Stall und Krippe
gefunden hatten, wonach sie suchten:
den neugeborenen König.

Herr, gib mir Ohren, die hören, wenn du zu mir redest. Und Herr, wenn ich mich auf den Weg machen soll, dann schieb mich so lange, bis ich gehorsam bin. Zeig mir, durch wen du mich besuchen willst, und zeig mir, wen ich besuchen soll. Herr, lass mich dich sehen und auf dich hören.

12 Weihnachtsfrieden heisst:

Erkennen, dass es nur einen Weg gibt!

Eine Herrlichkeit als des eingeborenen Sohnes vom Vater.
Johannes 1,14

Viele Wege werden uns heute angeboten,
die Leben verheißen:
bunte Steine, die zur Ruhe bringen sollen,
besondere Düfte, die Emotionen ausgleichen,
Statuen, auf die man sich konzentriert,
Worte, die gemurmelt werden,
Sühnehandlungen, die Schuld wegnehmen sollen.

Aber da ist die ausgestreckte Hand Gottes,
die auf seinen Sohn weist:
dieser einzige Sohn, vom Herzen des Vaters gerissen
um unserer Schuld willen zur Versöhnung
und zur Heilung unserer Schmerzen.
Diese ausgestreckte Hand Gottes sagt:
Wer Jesus Christus hat, hat das Leben.

Herr, ist das möglich? Keine Anstrengung, nur Glaube? Keine Steine, sondern lebendige Beziehung zu dem allmächtigen Gott? Keine Sühnehandlung, einfach nur Vergebung, wenn ich deine Hand fasse?
Herr, du einziger Gott, wer ist wie du!

WEIHNACHTSFRIEDEN HEISST:

13

Den Vater voller Güte und Wahrheit erkennen

Vom Vater, voller Gnade und Wahrheit.
Johannes 1,14

Gott erkennen meint:
sich Zeit nehmen, um mit ihm zu reden,
aufmerksam hinhören, was er mir sagen will,
ihn anschauen und ihm ähnlich werden.
Gott erkennen heißt:
seine Wahrheit verstehen,
die ehrlich ist, ohne zu verletzen,
die aufdeckt, ohne zu verurteilen,
die ohne Ende weiterliebt, auch wenn wir versagen.
Die Wahrheit sagt: Schuldig! Die Güte sagt: Vergebung!
Und damit die Wahrheit siegen kann,
muss die Gnade teuer erkauft werden:
mit dem Tod des einen, durch den uns vergeben wird.

Herr, du durchschaust mich, du kennst mich durch und durch.
Eigentlich hättest du mich ans Kreuz hängen müssen. Die Wahrheit verlangt, dass meine Schuld getilgt werde.
Aber weil deine Güte groß ist, dein Herz für mich brennt, schickst du deinen Sohn auf die Erde, dass er sterbe für mich.

14 WEIHNACHTSFRIEDEN HEISST:

Im Frieden sein mit Gott, weil er mein Gebet hört

Zacharias erschien der Engel des Herrn:
Fürchte dich nicht, denn dein Gebet ist erhört.
Lukas 1,11.13

Eigentlich ist alles zu spät!
Zacharias ist zu alt. Seine Frau auch.
Beide haben schon lange aufgehört,
Gott mit der Bitte um ein Kind zu bestürmen.
Für sie ist es vorbei. Aber nicht für Gott.

Obwohl die Botschaft von einer
gewaltigen Engelerscheinung überbracht wird,
kann Zacharias es nicht glauben.
Sein menschlicher Verstand sagt: Unmöglich!
Doch Gott handelt.

Fürchte dich nicht, dein Gebet ist erhört.
Das klingt in diesen Tagen auch in unsere Ohren.
Gott greift ein, trotz unseres Zweifels.

Herr, unser Gott. Du kamst bei Zacharias sehr spät. Die menschliche Uhr war eigentlich abgelaufen. Auch ich warte schon so lange auf eine Antwort von dir. Lass mich daran festhalten, dass du nicht zu spät kommst.

15

WEIHNACHTSFRIEDEN HEISST:

Gott schickt uns Engel als Botschafter oder auch zur Hilfe

Der Engel Gabriel wurde von Gott in eine Stadt in Galiläa zu Maria gesandt.
Lukas 1,26.27

Ein Engel wird zu Maria gesandt,
um eine Botschaft zu bringen.
Engel sind Gottes Boten. Sie hören auf das,
was Gott ihnen sagt, und gehorchen.

Gott schickt seine Engel –
auch für dich, in deine Stadt,
um dir gute Botschaft zu bringen:
Fürchte dich nicht!
Du hast Gnade bei Gott gefunden!
Gott ist dir gut gesinnt. Verliere die Angst vor ihm!
Er will dir ganz nah kommen.
Gott offenbart sich, will sich dir zeigen:
will für dich »anfassbar« und begreifbar werden.
Gott hat eine Aufgabe für dich.

Herr, deine Engel sind auch für mich unterwegs. Danke für diese wunderbaren Boten von dir. Ich will heute ganz fest damit rechnen, dass sie da sind und mir zur Seite stehen. Zeig mir, ob du eine Aufgabe für mich hast.

16 WEIHNACHTSFRIEDEN HEISST:

Gott Glauben schenken auch für das Unmögliche

Elisabeth sprach zu Maria: Selig bist du, die du geglaubt hast!
Denn es wird erfüllt werden, was dir vom Herrn gesagt worden ist.
Lukas 1,45

Verheißungen werden lebendig durch unseren Glauben.
Gottes Zusagen sind wie schön eingewickelte Geschenke.
Wir müssen sie empfangen, auspacken
und in Gebrauch nehmen.
Maria blieb nicht bei der Unmöglichkeitsfrage hängen.
Sie glaubte ganz schlicht,
dass Gott etwas Gutes mit ihr vorhatte.
Das Wie überließ sie ihm. Die Folgen gab sie an Gott ab.
Die dadurch entstehenden Unklarheiten verwirrten sie nicht.
Sie überließ alles ihrem Gott.
Ihr Part war: das Unmögliche Gott zuzutrauen.
Den Rest würde er klären.
Und genau so geschah es!

Herr, ich will loslassen, was mir Angst macht. Ich will dir vertrauen, dass du es gut machen wirst. Ich will an deinen Zusagen festhalten, obwohl die Unmöglichkeit mir ins Auge springt. Herr, allein schaffe ich es nicht. Aber mit deiner Hilfe will ich es lernen. Herr, ich glaube, hilf meinem Unglauben.

17 WEIHNACHTSFRIEDEN HEISST:

Im anderen Gott erkennen

Elisabeth sprach zu Maria: Als ich die Stimme des Grußes hörte, hüpfte das Kind vor Freude in meinem Leibe.
Lukas 1,44

Hüpft das Kind noch in uns?
Ist da noch die ursprüngliche Freude in uns,
dass der andere da ist, dass es ihn gibt?
Hören und sehen wir im anderen noch Gott
und spüren seine Gegenwart?

Wenn nicht, was blockiert unsere Freude?
Wer zwingt uns zu trüben Gedanken?

Geben wir doch dem Sohn Gottes in uns Raum,
damit er Platz in uns hat
und wir wieder das Hüpfen
über seine Gegenwart in uns spüren.

Herr, das Hüpfen ist mir schon lange vergangen. Zu vieles ist geschehen, was mich verletzt hat. Ich habe verlernt, meinen Mitmenschen zu vertrauen. Und noch schwerer ist es manchmal, mich über sie zu freuen. Aber hilf mir bitte, im anderen wieder dich zu sehen und zu lieben.

18 WEIHNACHTSFRIEDEN HEISST:

Errettung von unseren Feinden

Dass er uns errettete von unsern Feinden und aus der Hand aller, die uns hassen.
Lukas 1,71

Namen von Feinden: finanzielle Nöte, Angst vor der Zukunft, Krankheit, Schmerzen, Depression, Sorgen um geliebte Menschen …

Krankheit hasst uns, denn sie zerstört die Zellen unseres Körpers.
Angst hasst uns, denn sie lähmt einen Teil unserer Denkkraft.
Sorgen hassen uns, denn sie versuchen die Freude zu rauben
und uns mit Negativem zu beschäftigen.
Schmerz hasst uns, denn er nimmt uns den Frieden.
Depression hasst uns, denn sie verdunkelt unsere Wahrnehmung.

Gott kam, um uns zu erretten –
um uns herauszuholen aus unserer Gefangenschaft.
Wir sind zu schwach. Aber er kam, um sie für uns zu besiegen.

Herr, du kennst meine Feinde. Sie halten mich schon am frühen Morgen in Schach, und abends vor dem Einschlafen wachsen sie vor meinen Augen zu Riesen. Herr, sie quälen mich und versuchen mir vorzumachen, du habest keine Kraft, sie zu besiegen. Aber ich traue auf dich. Du hast zugesagt, mich zu erretten. Und ich will dir Glauben schenken.

WEIHNACHTSFRIEDEN HEISST: 19

Mein Inneres schaut auf Jesus Christus, nicht auf die Umstände

Meine Seele erhebt den Herrn, und mein Geist freut sich Gottes, meines Retters; denn er hat die Niedrigkeit seiner Magd angesehen.
Lukas 1,47

Meine Seele, meine Emotionen
schauen weg von dem Ungeklärten.
Mein Inneres richtet seine Augen auf den Herrn.
Auf ihn sehen heißt,
von den Schwierigkeiten wegsehen hin zu dem Herrn.

Mein Geist beginnt sich zu freuen
und sieht auf das, was werden wird, im Glauben.
Mein Inneres schaut nicht mehr auf die Wellen,
die mich ertränken wollen, sondern auf den Retter.

Gott sieht meine Niedrigkeit und hilft mir.

Herr, wie ist es möglich, dass Maria nicht voller Verzweiflung Fragen gestellt hat, etwa: Was wird mein Verlobter sagen oder die Verwandten? Wie werde ich ihnen das Unerklärliche verstehbar machen können?
Herr, ich möchte von Maria lernen, meinen Geist anzuleiten, auf dich zu schauen und dich für die Wunder zu preisen, die du für mich vorbereitet hast.

WEIHNACHTSFRIEDEN HEISST:

20 Sein Licht scheint in meine Finsternis

Das Licht scheint in der Finsternis, und die Finsternis hat's nicht ergriffen. Johannes 1,5

Finsternis bedeutet Orientierungslosigkeit,
Farblosigkeit, Angst, Ausweglosigkeit.
Jesus Christus kam in die Finsternis und leuchtete hinein.

Auch bei den Hirten erschien dieses helle Licht.
Und die Engel riefen in die dunkle Nacht hinein:
Euch ist heute der Heiland geboren!
Nein, begreifen konnten die Hirten das auch nicht.
Aber sie machten sich auf den Weg.
Glaube beginnt im Herzen, nicht im Schauen.
Und als sie bei der Krippe waren, begriffen sie:
Sein Licht scheint auch in meine Finsternis!
Es gibt einen Ausweg aus Angst und Verzweiflung.

Mögen wir doch solche sein, die begreifen!

Herr, meine Finsternis ist so dunkel, dass ich mich selbst nicht mehr finde. Du aber, Herr, findest mich. Begreifen kann ich es nicht, aber glauben will ich es: Keine Finsternis der Welt ist so groß, dass du sie nicht erhellen könntest. Komm, du Himmelslicht, und scheine!

21 WEIHNACHTSFRIEDEN HEISST:

Jesus Christus aufnehmen

Wie viele ihn aber aufnahmen, denen gab er Macht, Gottes Kinder zu werden, denen, die an seinen Namen glauben.
Johannes 1,12

Das Haus ist geschmückt, die Fenster beleuchtet.
Aber ist auch mein Herz bereit, den König zu empfangen?
Bin ich nicht viel zu beschäftigt
wie die Gastwirte in Bethlehem?
Erkenne ich ihn, wenn er bei mir anklopft?

Er steht wirklich vor der Tür!
Er braucht nicht mein geschmücktes Haus, nur mein Herz.
Er fragt nach mir, wie es mir geht.
Er kommt, um meine Last mit mir zu tragen.
Er will mein verwundetes Herz heilen.
Er sehnt sich danach, mir seine Liebe zu schenken.
Nehme ich ihn auf?

Herr, außen habe ich alles geschmückt, innen bin ich leer. Äußerlich hetze ich, innerlich sehne ich mich nach Ruhe und Geborgenheit.
Herr Jesus, bitte komm und wohne bei mir – in dem Durcheinander des Strohs meiner Gedanken, in der armseligen Krippe fehlender Freude. Komm in mein Herz.

22 WEIHNACHTSFRIEDEN HEISST:

Gott preisen und anbeten

Gelobt sei der Herr! Denn er hat besucht sein Volk und erlöst.
Lukas 1,68

Gepriesen sei der Herr!
Das muss wie ein Jauchzen durch diese Weihnachtstage gehen:
Unser Gott kommt, um uns zu erlösen.

Seine Einkehr bedeutet für uns Umkehr!
Wo er hinkommt, bricht er das Brot mit uns,
teilt mit uns den Kelch.
Er lässt uns teilhaben an seiner Erlösung,
die uns löst von den Stricken des Todes.
Er erlöst die Seinen, dass sie frei werden von Bindungen.
Er hat die Kraft, Krankheiten zu heilen.
Und er ist der Gott, der vollkommen vergibt.

Herr, ich preise dich, dass ich nicht klug sein muss, um dich zu begreifen. Herr, ich lobe dich, dass ich nicht stark sein muss, um dich als Gast zu mir zu bitten. Herr, ich bete dich an, dass ich nicht vollkommen sein muss, bevor ich dich aufnehmen kann. Du kommst, um mir Erlösung zu schenken. Herr, Dank sei dir – und herzlich willkommen!

23 WEIHNACHTSFRIEDEN HEISST:

Gottes Worte in unserem Herzen bewegen

Maria behielt alle diese Worte und bewegte sie in ihrem Herzen.
Lukas 2,19

Mögest du das Gute, das dir geschieht,
im Herzen bewegen und dich daran freuen.
Mögest du das Böse, das dir durch Worte und Taten begegnet,
zu Gottes Herz bringen
und dich von ihm heilen und trösten lassen.
Mögest du reifen am Schweren, dass es dich nicht zerbreche,
sondern dich erstarken lasse im Festhalten an Gott.
Mögest du auf Gottes Zeit warten,
ohne müde zu werden, und ihm vertrauen,
dass er einen guten Weg hat.
Mögest du in deinem Herzen
die Worte und Zusagen Gottes bewahren,
bis sie Gestalt werden.

Herr, das Gute vergesse ich oft viel zu schnell. Aber abweisende Worte und Kritik bleiben wie Gift in mir und versuchen, mich zu zerstören. Lehre mich, dir abzugeben, was mich zerstören will. Bewahre in mir deine Worte, mit denen du mich tröstest und ermutigst und immer wieder aufbaust. Lass mich dein Wort essen wie Brot, das mich ernährt.

24

Weihnachtsfrieden heisst:

Ich habe Frieden, weil Jesus Christus meine Lasten trägt

Die Strafe liegt auf ihm, auf dass wir Frieden hätten, und durch seine Wunden sind wir geheilt.
Jesaja 53,5

Weihnachten, Fest mit Lichterglanz und Geschenken!
Der König der Könige aber lag in einer Krippe im Stall,
dazu bestimmt, seinen Weg ans Kreuz zu gehen.

Heute, Herr, an diesem Weihnachtsabend,
streckst du deine Hand aus, um meine Hand zu fassen.
Deine tiefste Sehnsucht ist es, dass ich Frieden finde.
Wenn ich einwillige, geschieht das Wunder.

Du trägst mein Kreuz und nimmst auf dich,
was andere mir angetan haben.
Deine Wunden werden zu meiner Heilung.
Wenn ich dir meine Schuld bekenne, vergibst du mir.

Herr, wie kann ich dir danken für das Angebot deiner Liebe?
Ich knie an deiner Krippe nieder und ergreife deine Hand.
Dein Friede macht mich fähig, andere zu lieben.
Welch ein Geheimnis Gottes! Herr, ich bete dich an.

Bildnachweis:
Umschlag: E. Tomm
S. 7, 25: P. Kleff; S. 9: Jakob/Photo Press; S. 11: K.-H. Nill; S. 13: M. Rügner;
S. 15: E. van Hoorick/HUBER; S. 19: G. Weissing; S. 21: S. Thamm;
S. 23, 41: T. Krüger; S. 29, 31: M. Mehlig; S. 33: G. Eppinger; S. 35: G. Burbeck;
S. 39: W. Rauch; S. 43: R. Heil; S. 45: Photodesign Kirsch;
S. 47: H. Baumann

Bibliografische Information der Deutschen Bibliothek
Die Deutsche Bibliothek verzeichnet diese Publikation in der Deutschen Nationalbibliografie; detaillierte bibliografische Daten sind im Internet über http://dnb.ddb.de abrufbar.

ISBN 3-501-05662-1
Bild-Text-Band 05 662

Umschlaggestaltung: Friedbert Baumann/Anna Geuenich
Innenteilgestaltung: Marina L. Moisel
Gesamtherstellung: St.-Johannis-Druckerei, Lahr/Schwarzwald
Printed in Germany 16044/2005

www.johannis-verlag.de